誰都是帶著
心碎前行

Heart Talk

Poetic Wisdom for a Better Life

克麗歐・韋德 Cleo Wade ——— 著

楊沐希 ——— 譯

Contents

Contents

作者前言

致　最親愛的你：

　　普天下所有形式的心碎，我都經歷過。與浪漫伴侶之間
發生的心碎，或原以爲對方是浪漫伴侶，結果所遇非人的心
碎。與家人之間的心碎，朋友帶來的心碎，甚至陌生人也曾
讓我心碎。我在工作上心碎過，我的渴望讓我心碎，包括沒
有實現的夢想、或實現了卻沒有按照預期發展的夢想。我甚
至曾害自己心碎過幾次（就是非常多次的意思）。

　　心碎成千千萬萬片的時候，我了解了每個人生命故事的
重要。這些故事可以幫助我們拾起心的碎片，用碎片重建出
新的事物。加上一點愛，我們就能重建出比原本更好的一切。

　　當我們眞摯、誠懇、不帶僞裝地面對自己的經歷時，就
有力量把文字化爲撫慰，把經驗變成智慧。

　　這本書集結了我在紐約的公寓裡所寫的各種筆記，其中
包括關於愛、存在、療癒的小詩，當我還沒學會在世界這片

大海裡徜徉之前，這些文字就是我的救生艇。你也會讀到我向你分享的一些老派暖心小忠告，彷彿我們正圍在我家廚房餐桌旁聊天一樣（對了，謝謝老媽讓我見識餐桌對話的療癒力量）。

我希望閱讀這本書可以讓你記得自己擁有力量，重新恢復彈性，重新連結你的能量，以及對自己的愛。

如果你不想把這本書當成書，而是把它當成一位朋友或夥伴，那我會很高興。

最後，你要知道我愛你。不用認識你，我就可以愛你。如果這疊紙莫名其妙出現在你的生命裡，那是因為命中注定。你跟我是同一國的，而我也跟你同一陣線。

對了，你會發現書中的空白處有些手寫註解，這麼做是希望你不用太愛惜這本書。在書上寫字，把紙張撕下來，貼在冰箱上，按照順序讀，或當你需要充電的時候，隨便翻隨便讀。就讓這些文字不受拘束，以你喜歡的方式出現！

克麗歐·韋德

1 | 真實的種子

GET HONEST WITH YOURSELF.
BE THE PERSON YOU
ARE THE CLEAREST WITH.

BE THE PERSON YOU ARE
THE MOST FEARLESS WITH.

THESE ARE THE SEEDS
THAT TURN YOUR LIFE
INTO A GARDEN OF
AUTHENTICITY.

誠以待己，成為你最了解的那個人，成為你最無懼的那個人，這些種子能夠讓你的生命成為最真摯的花園。

2 ｜照顧自己

重點說在前頭：好好照顧自己。

好好照顧自己是我們替自己加油的方法，這樣我們才能把愛分享給身邊的人。對所愛之人展現慷慨、耐心、同情的時候，心裡會暖洋洋的，但我們不能忘記，愛別人之前，必須先照顧好自己。<u>好好照顧自己，就是問清楚我們到底要什麼</u>。在生理及心理上做出健康的選擇，這就是照顧自己。<u>發光發熱，不要太苛責自己，這也是在照顧我們自己。</u>

　　生命偶爾會像沒有盡頭的待辦清單，我們必須學會打斷生命索求無度的洪水，才能養精蓄銳，為了熱情與責任再次上路。故障冒煙了卻繼續硬撐，對誰都沒好處。愛是行動，愛會動，需要燃料很正常。

只有滿滿的油箱才能走更遠的路。

3 ｜尋愛

YOU WANT TO
FIND LOVE?
　　LOSE YOUR FEAR.

YOU WANT TO
STAY IN LOVE?
　　LOSE YOUR EGO.

想找到真愛嗎？放下恐懼吧。
想活在愛裡面嗎？放下小我吧。

我們讓害怕受傷或失望的心情，阻攔我們尋愛多少次？愛要求我們解開恐懼與痛苦，如此一來這些情緒才不會介入我們與其他人連結的能力。這種過程需要某種程度的勇氣、脆弱及親密，感覺或許可怕，或許令人深切不安，但真愛存在於舒適圈之外。只有拋下恐懼，我們才可能走入愛裡。

　　「無所畏懼」指的是雖然害怕，仍然勇往直前。你要無所畏懼，走出第一步。一旦我們選擇去愛，延續愛的工作就此展開。而第一步是克服小我。愛的關係建立在妥協、建立在與伴侶一起持續變好的基礎之上。過程中一定會遇到難以啟齒的真相，碰上難以提出的對話、個人成長及行為的改變，這一切「小我」都不喜歡。小我要我們相信我們永遠是對的，我們的做事方法是最好的。然而，我們的靈魂很清楚，出現在生命裡的所愛之人會挑戰我們、激勵我們，讓我們在各種層面都更加關心、更加在乎。小我存在，我們就不可能專注在愛裡，因為真愛的動力是**無私**，而小我仰賴的是**自私**。

4 | 成為你想當的人

AND THE BEST NEWS
OF ALL IS THAT IT IS
NEVER TOO LATE TO
BECOME THE PERSON
YOU'VE ALWAYS
WANTED TO BE.

天大的好消息是：成為你想當的人，永遠也不遲。

深呼吸，去追求吧。別讓拖延的能量在你的夢想周圍生成一圈腐朽的窠臼。呼吸是生命跡象。深呼吸，提醒自己還活著，走在天命的道路上，每一秒都是全新的可能。

別等命運
來找你。

5 ｜ 自然而然

我變了

這很自然

親愛的……

我成長了。

改變是必然的，改變是重要的。改變讓生命充滿刺激。害怕改變的心情會讓我們覺得自己卡住了、失去力量、充滿怨恨，但接受改變，我們就能敞開自我，理解一切都充滿可能性。

生命不該停滯不前，不該原地踏步。我們的生活、我們歸屬的團體，還有我們的世界永遠都會綻放興榮。一旦理解這點，就能明白改變即成長，而且成長是我們每個人活出自我及集體潛能的必要之路。

6 ｜全部、全部、全部

你還不允許自己愛上

哪些部分的你？

跟你的成分做朋友吧

辛辣、甜美、痛苦、心碎、天賦、羞恥

還有光芒

愛上

全部

全部

全部

的你

品味

你自己

敞開自己，迎接刺激人生的四步驟：

一、愛自己，愛到理解自己。

二、要達到第一點，你必須鼓起勇氣，捫心自問幾個難以回
　　答的問題。

三、要實踐第二點，你必須鼓起勇氣回答這幾個難以回答的
　　問題。

四、這輩子持續重複一到三的步驟。

7 | 你的需要

KNOWING YOUR NEEDS
IS A SUPERPOWER.

清楚自己的需要是一種超能力。

這個世界總是告訴我們，需要某個人事物是不對的行為；世界也常告訴我們，表達自己的需求就是示弱。才不是這樣的。了解自己的需要是一種沒有極限的超能力，這種能力可以協助我們在生命裡做出重大決定。

當我們曉得自己需要什麼樣的伴侶，就能少花點時間在不對的人身上。當我們曉得自己在工作上欠缺哪些挑戰及激勵，我們就清楚，在生涯道路上，我們想走哪一條路。當我們曉得成為最棒的自己還需要滿足什麼條件的時候，我們就已經對親朋好友展現出自己是個更好的人了。

聊到你的需求時，不用感到抱歉，至少要讓別人聽見或看見你的需求。你的需求是什麼？列張需求清單吧，在生活裡幫需求騰出點空間。尊重並表達自己的需求，可以為生活帶來超能力。一切就從釐清你有什麼需求開始！

8 | 送走與保留

WE MAY NOT ALWAYS HAVE THE
POWER TO CONTROL WHAT SHOWS
UP AT OUR DOOR, BUT WE
ALWAYS, ALWAYS, ALWAYS HAVE THE
POWER TO DECIDE WHAT STAYS
AND WHAT GOES.

我們不見得有能力掌控出現在門前的事物，但我們總
是、總是、總是有能力，決定送走什麼、留下什麼。

無論我們在自己身上下多少功夫，壓力與焦慮還是會出現。我們的工作不是逃避它們，不是要和它們摔角或是「處理」它們。壓力與焦慮是躲不掉的訪客，還是接受這點吧。

　　當壓力與焦慮來訪時，注意到它們的出現，評估是什麼狀況邀請了它們，姑且把它們當成暫時的客人，而不是永遠的配備。它們會離開，特別是如果我們不娛樂它們，不與它們開戰，那它們很快就會告辭了。

　　無論壓力及焦慮帶來的感覺有多可怕，我們都必須記住，生而為人，也許沒辦法控制它們的到來，卻總是有能力可以釋放它們，停下來，用心好好深呼吸，正面思考，記住你有力量。這些情緒終究會離開，因為它們曉得，你神聖的內在沒有一處可供它們容身。

9 | 是時候了

所以我說 YES

我對生活說 YES

我對愛說 YES

我對存在說 YES

我……

我自己

閃閃發光

什麼都不怕

YES? YES. YES!

　　這輩子不斷聽到別人叫我們追求夢想，但沒幾個人會提到夢想實現後隨之而來的焦慮。如果不學著對夢想說 YES，我們是無法實現它的。但其實，追求目標和夢想的能力，與接受夢想的能力一樣重要。我們都很熟悉被擋在天命道路上的感覺，有時是因為我們害怕，你想想，你已經過五關斬六將，得到夢想工作的最後一道面試機會，忽然間，你會想：「我真的辦得到嗎？」或者，你好不容易找到一個配得上你的親密伴侶，此時你又會問自己：「我值得嗎？」YES，你辦得到。YES，你值得。快別擋著你的路，對自己說 YES，對世界說 YES。說 YES。事實上，你不該只有說 YES，你還要慶祝你的 YES，因為這是屬於你的。

10 ｜ 愛不說謊

羞愧永遠不會

說實話

它告訴你

你不夠好

其實

你夠好了

它告訴你

你必須成就完美

其實

沒這回事

它告訴你

你的過錯

都是致命傷

其實

傷會好

它告訴你

一切都會崩壞

其實

你會重建

它告訴你

你將陷於絕望之中

其實

你會崛起

它告訴你

你失敗了

你迷失了

你受傷了

其實

你會學習（下次該怎麼辦）

你會獲得（失敗帶來的智慧）

你會發現（你有多堅強）

它說

你永遠都不會成功

其實

你會繼續

努力

羞愧說

你絕對

撐不下去

其實其實

你還在。

LET GO OF SHAME.
IT WILL NOT ADD
A SINGLE SMILE,
DOLLAR, OR MINUTE
TO YOUR LIFE.

拋開羞愧，它不會替你的人生多帶來，一抹微笑，一塊錢，或一分鐘。

NOT EVERY GROUND▶ IS A BATTLE- GROUND▶

並非每個場域都是戰場。

誰都是帶著心碎前行

睿智的士兵曉得，並非每一個場域都是戰場。他們的傷疤讓他們不會忘記自己必須作戰，但他們的傷疤也讓他們想起人不能天天活在壕溝裡。一直處於備戰狀態實在太累人了，人的靈魂與肉體都無法將備戰狀態當成一種生活型態。放鬆下來吧。所謂的「場域」，不只是我們出兵征戰的場合，更是腳下土地支撐我們的所在。

12 ｜感謝

GRATITUDE IS A SPIRITUAL

AND ECONOMICAL

FORM OF STRESS RELIEF.

滿足心靈且經濟實惠的紓壓方式？感謝一切。

認知到感謝的力量不僅睿智，也很實際。當我們能夠對身邊的一切心懷感激，就不會一直處於要東要西的不安狀態之中。心靈上無止境的輸入也是一種持續的焦慮。當我們能夠感激手邊擁有的一切，也理解「想要」跟「需要」的差別，我們就能讓心靈輕鬆一點，不會沉迷在想要得到更好的事物上頭，也就不會給自己太大壓力。釋放想要更多、更多、更多的心態，以感謝、感謝、再感謝取代。

IF YOU AREN'T STAYING IN THE MOMENT, YOU ARE LEAVING IT.

如果你沒有活在這一刻，
那你就背棄當下了。

誰都是帶著心碎前行

我弟弟曾對我說：「如果你沒有活在這一刻，那你就背棄當下了。」這句話讓我震驚不已。我也因此發現，如果我無法學習待在眼前這一刻，那我這輩子只會不斷不斷地拋棄當下的自己。

　　充分活出生命的唯一方法就是盡力把握每一分、每一秒。今天，無論你在哪，留下來吧。我們都知道當下會帶來禮物，不過我們要待得夠久，才收得到！

有時，最棒的禮物就是當下這一刻。

14 | 冒險

IF YOU WANT TO FEEL EMPOWERED
BY ALL OF YOUR DECISIONS, YOU
CAN'T JUST CALCULATE YOUR RISKS.
YOU HAVE TO FULLY AND TOTALLY
ACCEPT YOUR RISKS AS WELL.

如果你希望自己的每一個決定都帶來力量，你就不能只
是計算風險，也必須徹底接受這些風險。

當我們決定接受冒險的時候，我們就可以用更有自信、更穩健的步伐面對風險。「接受」就是信任眼前的狀況。所有人都會冒險，但如果我們想成爲傑出的冒險人士，就不該帶著焦慮的心情做每個決定。焦慮會斬斷我們的力量。接受可以讓我們輕鬆面對自己的力量，以信心與清晰的腦袋走進不同狀況之中。

不要恐懼，
帶著信念去冒險。

15｜自信

MAY ALL OF
YOUR VIBES SAY:

I GOT THIS.

願你的氣場永遠展現出「這我 OK」。

自信不是與生俱來的，自信是我們練習過後，才能展現於行為之中的產物。自信不是當我們說「好，我現在要有自信」就會出現的東西，真正的自信來自時常肯定自己、善待自己。當我們內心的小小聲音激勵我們、提醒我們能夠完成願望的時候，追求目標的戰鬥就已經贏了半場。別從失敗的那一邊看待生命，而是從「這我 OK」的氛圍中走向生命，因為，到頭來⋯⋯誰能說你不 OK ？

16 ｜解釋

當我們帶著真誠、正面意圖、公正、愛、正直與透明等特質生活，我們便無須浪費時間向別人解釋自己的行為。之所以需要解釋，是因為我們需要替自己的行為找理由，之所以需要找理由，是因為我們的意圖混濁不清。帶著清晰且良善的意圖生活，你永遠都不用向別人解釋你在做什麼，或你是誰。

17 ｜ 我選擇閃耀

內在會展現在

我們眼前

當我一直

覺得自己是仙人掌

忽然間

我就成了仙人掌

沙漠裡

沒有水

甚至連我愛的人

都無法

碰觸我

因此

我想變成太陽

可以用我的

溫暖與光明

滋養

所有的成長

18 ｜捉迷藏

當我放下

我以爲我必須裝出的

樣子

我才終於能夠成爲最有力量的

自己

噢

我這才發現

我一路躲藏

渾然不知

愛

一直以來

一直在

尋找我的身影

19 ｜思緒

CLEAN OUT YOUR THOUGHTS —
THEY HAVE THE POWER TO COVER
YOUR ENTIRE LIFE IN DIRT.

清理你的思緒，否則思緒會讓你整個人，灰頭土臉。

當我們選擇引導思緒前往成就美好自我的方向時，這就叫健康的思考。思緒，特別是一再出現的思緒，會顯現在我們的生命裡。舉例來說，當我們卡在「我不夠好」的思緒漩渦中，我們就會發現外在世界開始肯定這種想法。當我們開始隔絕愛我們的人、覺得我們夠好的人時，我們就會發現自己的行為持續驗證這種想法。因為思想建構人生，建構健康人生的第一步就是建構健康思想。健康的思想不代表你不能有黑暗的想法，而是希望你不要太長時間停留在沒有幫助的思緒裡。我們會成為說給自己聽的故事，所以，作為一個敘述者，重要的是用能夠撫慰、滋養、激勵的思緒架構出我們的經驗。我們遠比自己想像的更能掌控思緒。讓你的內在世界充滿愛與希望，你的外在世界也會跟著起作用。

LOVE YOUR- SELF ENOUGH

給你自己足夠的愛。

給你自己足夠的愛，走進充滿愛與關懷的空間與場合。

給你自己足夠的愛，走出任何對你造成傷害的地方。

給你自己足夠的愛，向那些以言語或行動傷害你的人追究責任。

給你自己足夠的愛，表達出你的慾望、需求與渴望。

給你自己足夠的愛，說出實話吧。

給你自己足夠的愛，保持你的安全。

給你自己足夠的愛，當你覺得夠了就是夠了，你就要說出夠了，已經夠了。

這種愛能夠
撼動天地。

21 ｜讓人聽見

唱你的歌

如果這是你內在的聲音

快

唱

你的

歌

這是

幫你的

靈魂

一個大忙

唯有你自己能夠決定你是誰。如果你想成為歌手，你就要用歌手的方式思考，你要說你是歌手，當然，你要唱你的歌。我們花了太多時間等待別人評判我們。將這份評判的權力授權給**你自己**。現在就走進你的力量裡，給自己頒發證書，你有資格成就你是誰。有何不可呢？只有你最清楚你是誰。

22 ｜ 慷慨

慷慨一點。慷慨可以撼動世界。

想對人慷慨，我們必須先知道自己是慷慨的。我們必須不斷問自己（特別是在覺得受傷、煩躁的難過日子裡），我最多只能慷慨到這種程度嗎？我最多只能說出這麼慷慨的話嗎？我在這種狀況裡，最多只能做出這種慷慨的行為嗎？要讓世界變得更慷慨，我們必須帶著野心與努力去展現慷慨，我們必須分分秒秒實踐慷慨。慷慨就是如此重要。

23 ｜與眾不同

樹木從來不會

覺得自己不是樹

只因為它在

森林裡

與眾不同

所以我們為什麼覺得每個人都應該一樣？

活著就是為了與眾不同。

JUST A FRIENDLY REMINDER:
NOTHING ABOUT YOU IS A MISTAKE.
YOU ARE A GIFT AND YOU ARE HERE
FOR A REASON. YOU DESERVE
TO TAKE UP SPACE IN THE
WORLD, AND WE NEED YOU HERE.

只是友善地提醒一聲：你的一切都不是錯誤。

你是一份禮物，而你會在這裡，是有原因的。你值得在

世界上占有一席之地，而且我們需要你的存在。

24 ｜ 你的價值

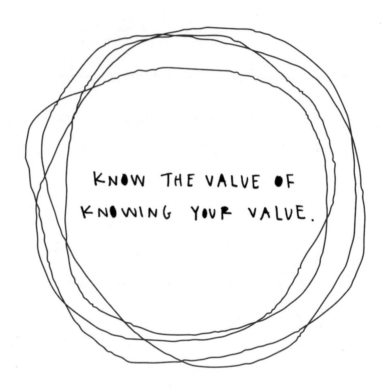

KNOW THE VALUE OF
KNOWING YOUR VALUE.

了解「了解你的價值」是件多麼有價值的事。

我在紐約開始第一份工作的時候，工作上的導師向我分享了一個很棒的忠告：「別等別人告訴你，你多有價值。你必須是第一個了解你多有價值的人，也只有你能說自己多有價值。」

我不只在工作的試水溫期謹記這條忠告，也將其帶進人際關係中。在工作場合裡，你必須是第一個曉得自己才華價值的人，你也必須要讓老闆、客戶、合作夥伴曉得你多有價值。同樣的道理，在約會及親密關係裡，你必須成為第一個人，告訴對方該如何回應你的活力與時間。

當我們了解自己的價值，且能表達我們的價值時，就能教會其他人如何尊重我們的貢獻。

25 ｜ 建設或毀滅

WHAT WE DO AND HOW WE SPEAK
IS EITHER CONSTRUCTIVE OR
DESTRUCTIVE. CHOOSE TO BE
CONSTRUCTIVE. DON'T BE A
BULLDOZER WHERE LIFE CALLS
ON YOU TO BE A BUILDER.

我們的行為及語言要麼帶有建設性，要麼帶有毀滅性，
選擇建設吧。別在生命請求你建設時，成為一台推土機。

生命裡鮮少有決策會讓我們處在中立狀態。在工作、家庭、關係上遇到的決定，大多會帶來具有建設性或毀滅性的效果。問問自己，你選哪一個？你對待所愛之人的方式是增加你們的連結，還是打破連結？你對他們所做的事會削減人家對你的信任，還是增加？你又是如何對待自己的？身心靈都需要具有建設性的思維及行為，這樣才有機會替你打造出最美好的生命。當你有能力把自己建設起來的時候，千萬不要把自己拆得支離破碎。

26 ｜傷痕

我做過很多事
不見得是對的
有些甚至可以稱爲
錯誤

但我僅僅將之稱爲
傷痕
避免我一直
碰觸
火熱爐子
的
傷痕

生命不會每次都送上輕鬆的道路。生命不會每次都讓我們心態正確，不會每次都讓我們在對的時間做對的事情。注意到這點可以提醒你人非聖賢。我們不是天生就知道在糟糕狀態裡該如何前進。犯下的過錯不等於我們。犯下的過錯不會讓我們成為罪人。當我們能夠以覺知與責任面對過錯，這些過錯其實是在帶領我們走向更好的自己。你之所以美好，是因為你擁有過往所有的經驗，無論那些經驗是好是壞，完美與否。

27 ｜ 如何繼續

暫停下來

呼吸

修補你的宇宙

繼續前進

WE ALL REQUIRE HEALING AT
ONE POINT OR ANOTHER. TAKE
TIME TO HEAL YOUR WOUNDS.
TAKE TIME TO HEAL YOUR
HEART. IT DOES NO GOOD
TO THINK ABOUT RUNNING
THE MARATHON WHEN YOU
STILL HAVE A BROKEN FOOT.

我們偶爾都需要療癒一下，花點時間療癒你的傷口，花點時間修補你的心，拖著扭傷的腳踝跑馬拉松根本一點也不好。

28 | 彈性

MAYBE DON'T DO THINGS

THE WAY YOU HAVE

ALWAYS DONE THEM

SIMPLY BECAUSE THAT

IS THE WAY YOU HAVE

ALWAYS DONE THEM.

也許不要用你平常的方式行事，只是因為那是你平常的
行事方式。

靈魂沒有彈性，流動就不會產生。讓自己有彈性一點。當我們走進一個情境，我們很清楚自己是誰，很確定自己知道什麼，我們就沒辦法替自己與別人騰出成長的空間。當我們靈活有彈性，就能敞開自己，接受各種可能、新想法及啓發。跟著流動走意味著，我們有能力跟隨任何狀況一起前進。如果你的能量是僵硬固執的，你就難以前進了。所以放鬆一點吧。

29 ｜ 放手

我緊握著

但

雙手

又痠

又紅

我因此想到

也許愛

反而

該

放手

你所緊握的一切是否耗盡了你的力氣？你是否握緊拳頭，身體僵硬，靈魂緊繃？無論是在工作、家庭或親密關係裡，你要知道，某件事對我們來說很重要，不代表我們必須帶著壓力、焦慮、擔憂控制一切。放手，讓事情按照寫好的劇本發展。劇本裡屬於我們的一切會與我們一起和諧流動，而不是對抗我們。

30 ｜不去關心

REMEMBER NOT TO
CARE ABOUT THE THINGS
YOU DON'T EVEN
CARE ABOUT.

記得不要關心你根本不關心的事。

有時，思考慣性會掌控一切，導致我們最後抱怨起對我們來說根本不重要的事情，或是因此不開心。打破這個慣性吧。在你針對某事而情緒高漲之前，問問自己：我真的這麼重視這件事，需要讓自己的情緒跟著疲勞嗎？問你自己這件事是否值得在你腦袋裡反覆出現。問你自己這件事是否值得你的精力與話語。你可以決定一個念頭在你的生命裡霸占多少空間。在你讓這件事成為你的存在及靈魂的一部分之前，花點時間仔細考慮這些問題。

31 │ 來自今天的訊息

也許

不該

盼著

明天

浪費

今天

生命最棒的地方在於，它是持續設計的狀態。這意味著你永遠都可以重新設計。動一動，做點改變，多笑一點，多做一點，少做一點，說 YES，說 NO。只要記住，說到人生，你不只是負責打造的藝術家，更是這項傑作本身。

32 │ 來時路

IF YOU ARE GRATEFUL FOR WHERE
YOU ARE, YOU HAVE TO RESPECT
THE ROAD THAT GOT YOU THERE.

如果你感恩自己所在的地方，就必須敬重送你來到此處
的道路。

我們必須感謝過往的一切，從小經驗、大一點的經驗，到無比重要的經驗。在你的生命故事裡找到感謝的事物。每天早上醒來，告訴自己：「從起點走到這裡，我覺得很驕傲。」說這句話的同時，我們是在祝福自己，用愛滋養自己，讓自己綻放，而這句話也讓我們繼續前進，無論起點是何處，經歷過什麼。

33 ｜擁有與付出

就算口袋裡

一毛錢也不剩

我還是知道

我有快樂可以分享

付出時間

付出靈魂

付出我的心

我把自己徹底交給這一刻

而且

雖然帶著淚水

我仍然將笑容帶給世界

（世界比我想像的更需要這個笑容）

GENEROSITY NEVER THINKS
PAST THE PRESENT MOMENT.
GENEROSITY IS WHEN
YOU GIVE WHAT YOU CAN GIVE
AND DO WHAT YOU CAN DO
LIKE THERE IS NO TOMORROW.

慷慨從來不會去想這一刻以外的事情，慷慨就是，有多少給多少，有多少做多少，彷彿沒有明天。

34 | 屢敗屢戰

WHEN WE OVERCOME OUR FEAR OF
FAILING, WE HAVE THE POWER TO
STEP INTO THE MAGNIFICENCE
OF OUR RESILIENCE. DO THE THINGS
YOU ARE AFFAID TO DO.
DO THE THINGS THAT FEEL BIG.
DO THE THINGS THAT SHOW YOU
WHAT YOU ARE MADE OF.

當我們克服失敗的恐懼，我們就能走進了不起的韌性之中，做你害怕的事情，做讓你感覺巨大的事情，做讓你曉得自己多麼有能耐的事情。

我們敬佩那些傑出的人，但他們並非每次都能成功或保持完美無瑕。他們曉得成就每個目標的道路上鋪滿勝利與挫敗。贏家歡慶的不是他們百戰百勝，而是因為他們屢敗屢戰。我們的韌性遠遠超乎想像，所以繼續前進吧。

35 ｜愛與光

想要愛？成為愛吧。
想要光？成為光吧。

當你將燃起的火柴扔進火堆，原本各自燃燒的兩束火光會找到彼此，合二為一。愛的能量也是如此。愛永遠能夠偵測愛的能量，而光永遠可以凝聚更多的光。當我們處在正面與愛的能量裡，整個空間都感受得到，也許整個世界都感受得到。在正面、向上、關懷、貼心的行為及思緒裡加上愛與光，你會發現你能吸引到和你一樣的人。

36 ｜ 把握經驗

YOUR LIFE EXPERIENCES
ARE ONLY AS VALUABLE
AS YOUR ABILITY TO
TURN THEM INTO
LIFE LESSONS.

生命經驗之所以重要，在於你能夠轉化成人生課題，從中學習。

我們不能控制身邊發生的事情，但我們有能力在離開一個狀況時，感覺更強壯、更有智慧。每一次經驗都是學習的機會，我們要做的就是決定該如何把握。選擇讓你的經歷點燃成長的火光，而不是加以阻撓。

37 ｜ 關注自己

BE CAREFUL WHEN IT COMES
TO FOCUSING ON THE OPINIONS
OF OTHERS — YOU COULD END
UP WALKING A DAY IN THE
LIFE OF EVERYONE ELSE'S
SHOES BUT YOUR OWN.

專注在他人的意見時要小心，你很可能一整天都在替別
人想，卻沒有花心思在自己身上。

當你遇上危機或需要協助、建議的時候，生命裡能有親愛的朋友、家人等各種意見固然是種福氣，但請記住要在其他人的意見及你的內在智慧之間取得平衡。沒有人比你更清楚你的生活，所以當我們不得不求救時，感謝其他人的建議，同時，我們也要分清楚尊重別人的意見與被別人牽著鼻子走這兩者的差異。我們這輩子總要用自己的方法行事，犯下屬於自己的過錯，以我們最獨特的方式學習教訓。不要忽視你的直覺。你內在有無限的智慧，讓它成為你的探照燈。

38 ｜ 不斷重整

CREATE YOUR OWN
FINISH LINES. LET
THERE BE AS MANY
AS YOU WANT, AND
LET THERE BE MANY.

設定你的終點線，想要幾條設幾條，愈多愈好。

你要知道，你就像是一項進行中的工程，這意味著你的目標也還在進行中。一位朋友向我說過，一切完成的「那裡」並不存在。這句話每天都提醒著我，我們會成長為明天的自己。我們會經過許多階段與過程，所以一直重設目標是很重要的，這樣目標才會跟著我們一起成長。重設目標的時候，允許自己流動至下一步，串連起生活裡的每一個篇章。經常帶著覺知重整目標，這樣可以讓你一直保持在激勵與啟發的狀態裡。

39 ｜ 有失有得

後來我發現

要多活出自己一點

必須

少怕一點

所以

我

少怕一點

我失去我的

恐懼

得到

完整的人生

允許今天的自己過得無所畏懼。少了恐懼，你的日子過起來會是什麼模樣？因為恐懼，你有什麼話不敢說出口？因為恐懼，你有哪些夢想不敢付諸實現？讓你自由吧，不再帶著這些恐懼。給自己一個機會，看看你到底能做些什麼。

40 ｜ 別忘了你的光芒

AND BE SURE TO KEEP YOUR LIGHT
BRIGHT AND SHINING — YOU NEVER
KNOW JUST HOW MANY PEOPLE
YOU MAY BE A LIGHTHOUSE FOR.
YOU NEVER KNOW HOW MANY
PEOPLE FIND THEIR WAY HOME,
IN EVEN THE WILDEST STORMS,
BECAUSE YOU ARE THERE.

記得要讓你的光燦爛耀眼，你不會知道，多少人仰賴你
這座燈塔。你不會知道，在最可怕的風暴裡，有多少
人，因為你，找到回家的路。

無論載具是什麼，光永遠都是光。不要給自己壓力，要求自己必須以何種形式發出光芒。光可以是大是小，是喊叫，是低語，但光永遠都是光。允許你的光以最特別的形式出現，以最特別的方式閃耀。當我們能夠投射出我們最獨特的光，我們就能展現療癒的能量，照亮並看清任何狀況。光讓我們能夠了解事物的本質，這樣我們才能加上理解、同理與善意。當我們能夠以自己發出的光芒看清世界，我們才能帶著更多信心，踏出這趟旅程的每一步。

41 ｜真相的功用

難道

我們

這麼害怕

真相

會傷害我們

所以寧可

永遠不給真相

機會

讓真相

教導我們

激勵我們

啟發我們

撫慰我們

而且

說不定

還可以

解放我們

真相的最大優點及缺點就是，真相一出，結果立竿見影。別害怕真相可能引出的結果，別因此就不去追求真相。去追尋真相吧，讓真相解放你。讓真相給你清晰明確的禮物，如此你就能帶著更專注、更謹慎的態度走在生命的道路上。

42 ｜信任

SOMETIMES THE ONLY THING
ANOTHER PERSON NEEDS IS
FOR US TO BELIEVE IN THEM.

有時，也許別人需要的只是相信他們。

讓別人知道你相信他們，這是最基本的善行。成為那個相信他人的人吧。每個人的生活都比我們想像的還要辛苦。你永遠不會知道，你所說的支持話語也許就是別人正在尋找的徵兆，讓他們獲得力量、成就他們的偉大。

FIND SOMEONE
BE THEIR ROCK
(KEEP THEM GROUNDED)
BE THEIR NORTH STAR
(HELP THEM FIND THEIR WAY)
LET
THEM
BE THIS
TO YOU
TOO

找一個人，當他們的基石（讓他們腳踏實地），當他們的北極星（幫他們指引方向）。讓他們也如此協助你。

替你的關係打造一個空間，灌注愛、信任、關懷、善意與支持。當我們能夠用意念將人我之間的能量保持在熱情、不帶批判的空間之中，我們就能替彼此打造出一個愛的庇護所。多數人的生命只是在尋找一個做自己的安全空間。當我們能夠替別人打造這種空間，也允許他們替我們打造的時候，這就是在生命寒冬裡，讓彼此保暖的方法。

44 ｜專屬你一人

你的平靜

專屬你一人

只有你

可以給予

只有你

可以奪走

好朋友會提出充滿愛的好建議，好朋友會替你打氣，好朋友會支持你成長進化。好朋友不會讓你傷害自己，好朋友會對你展現關懷與熱情。好朋友不只在你需要的時候為你挺身而出，更會展現日復一日的微小貼心。

　　我們多數人都可以成為別人稱職的好朋友，但我們是自己的好朋友嗎？我們能夠向內反省，在困境裡，給自己建議嗎？我們冒險的時候，能夠替自己打氣嗎？當我們從舒適圈走出來成長、進化，覺得脆弱的時候，我們會對自己說沒關係，一切都會沒事嗎？當身體與心靈感覺到壓力的時候，我們能夠好好照顧自己嗎？我們能在每一天都做些小事情，振奮自己的心情嗎？

　　學習當自己最好的朋友吧。和別人分享你自己，但別忘了，把最好的你留給自己。活了多久，自己就跟了你多久……所以，成為自己最好的朋友應該是最睿智的選擇。

45 ｜ 問問自己

PART OF BEING
UNDERSTOOD IS
MAKING YOURSELF
UNDERSTOOD.

要人理解你，你要先讓自己理解自己。

帶著覺知生活。做任何事之前，先問問自己為什麼，問問你到底想要什麼，問問你為什麼想要，問問你想要有什麼樣的感覺，以及你想如何生活。好好想一想。清楚明白你在乎什麼，動機是什麼，能夠協助你做出更好的決定。我們經常發現自己卡在不舒服的地方，因為我們是出於恐懼去尋找機會，我們的目標或自主意識可能受到其他人給的壓力，甚至是被自己的不安全感給綁架了。賦予自己足夠的信心，曉得自己要什麼，挖掘驅動你的主因，而且還要明白抱負的根源是什麼。連結你內在的羅盤，讓整體的核心價值帶領你向上、前進。

沒有人比你更能代表自己與自己溝通。誠實一點，勇敢一點，清楚一點，直接一點。

46 ｜ 接近夢想

YOU DESERVE YOUR DREAMS—
WHO ELSE COULD THEY POSSIBLY
BELONG TO MORE THAN YOU?

你值得追求你的夢想。否則還有誰比你更值得追求你的
夢想？

明白你值得什麼，會讓你更接近你值得的目標。不斷出現在我們靈魂裡的每個念頭、願景、想法都有其原因，夢想其實就是命定道路與我們溝通的方式。我們花了太多時間在我們與慾望之間那片充滿挑戰的面紗旁觀看我們的夢想，當我們帶著訴說「我會，我行，我值得」的能量接近夢想，我們不只能夠達到目標，同時也更能享受前往夢想的旅程。

REAL LEADERS LEAD WITH LOVE

真正的領袖用愛領導。

誰都是帶著心碎前行

當我們用愛領導組織或團體的時候，我們提供自己與他人力量與關懷，能夠轉化任何狀況。恐懼、痛苦、不安所構成的高牆困住我們，讓我們以為愛無法戰勝一切。當我們想辦法推倒這些高牆，連結每個人本性中的美善，我們就能自由用愛領導他人。能夠用愛領導的人活在公正、同理及耐心之中，不帶條件、批判及歧視。當我們善用這些特質，我們就能戰勝生命裡最嚴苛的挑戰。用愛領導，你不會後悔的。

OUR WORK ETHIC DOES NOT JUST BELONG AT WORK.

「敬業態度」不只能運用在工作上。

除了工作，「敬業態度」也必須運用在家裡、家人、社群，及整個世界上。別讓你的目標只存在於工作場合，別讓你的付出只是為了換取金錢。最好讓你整個人都活在你的雄心壯志之中，讓生命的各種層面都能因為你的努力、愛與付出而變得更美好。

49 ｜枷鎖

過去

不能

留在過去

如果

你滿腦子

只有過去

天底下

只有一個人

能夠

轉動鑰匙

把你

從枷鎖中

解放出來

你。

50 ｜脱困與前進

我透過

過往的一切

來愛自己

這樣才能

在生命的

茫茫大海

淹過我時

持續漂浮

當我需要

可以信賴的人

我也是如此

才曉得

哪雙手是幫手

哪雙手

會傷害我。

51 ｜唯一的戰爭

我太專注在

輸

與

贏

沒有注意到

唯一的戰爭

是我

與自己

為了自己

而戰

當我們允許生命裡的勝利讓我們攀上世界顛峰時，我們也賦予失敗同樣的力量，一輸就好像背負起全世界的重擔一樣。我們可以不要用小我享受成就，反而用慷慨的心情接受，記住我們的使命是對世界能有什麼貢獻，而不是從世界得到多少讚美。當我們專注於得到外界的讚賞時，便很容易隨著狀況起舞，但當我們保持謙卑的心，穩穩扎根在當下的良善裡，我們就能慶祝成就，從失望中學習，同時不讓這些狀況定義自己。

52 ｜有些事需要時間

我現在

是毛毛蟲

也許不像蝴蝶

能夠展翅高飛

但我

非常

確定

我穩穩扎根著

毛毛蟲享受牠在地上的日子，就跟蝴蝶享受飛上天的時光一樣。因爲每一個階段都不可能獨立存在，循環當中的每一個時期都跟下一個階段一樣不可或缺。當你能夠體會成就你的每一刻，在生活裡你就能少點擔憂。

更棒的是，
不只是體會，
還能好好享受。

YOU ARE MORE OKAY THAN YOU THINK.

你比自己以為的更好。

誰都是帶著心碎前行

對我們來說，抱怨似乎是簡單又自然的事，問題在於，抱怨不是魔法。抱怨不會讓任何人日子好過，也無法改善任何狀況。試試看抱怨排毒吧。留意怨言出現在你腦袋裡的時候，與其說出口，不如放手送它走。這麼做，我們是用語言貢獻世界，讓這個世界變得更神奇、更平靜。

54 ｜途中

我也許會跌倒

但

站起來的時刻

比跌倒

多太多了

我們花太多時間專注在自己的過錯上。當我們摔跤跌倒的時候，倒地的十秒鐘似乎一直糾纏不放，反而因此忽略了，其他時候我們都走得好好的。同樣，在生命裡，我們讓沉重的一刻、一個月、一年擋在我們面前，害我們看不見其他時刻有多美好。跌倒沒辦法成就一個人，站起來才行，起身繼續前行才能定義我們。

55 ｜同理

NO ONE'S DAY IS WHAT
YOU THINK IT IS.
BE EXTRA LOVING
IF YOU CAN.

你無法了解別人的生活是如何度過的，如果可以，多給
出一點愛。

也許有人正在尋找充滿愛的簡單生活，你可以成為他們的徵兆或靈感。別把你的美好鎖在心底，或只展現給小圈圈裡的人看。讓你的善良成為你在世界行動的方式吧。在街上，把你的零錢捐給需要的人，向你的鄰居揮手，對經過的孩子微笑。我們都有過這種經驗，親密的對象或陌生人對待我們嚴厲刻薄，我們內心有部分會想用同樣的能量回應對方。不過，這時必須問問自己：明明能夠把負能量轉成正向，又何必肯定負能量呢？你可以是讓人覺得「善良很簡單」的理由。靠這個成為別人的繆思吧。

56 ｜ 重新設定

THE SPIRIT IS NEVER HOLDING
US BACK FROM AN
ATTITUDE ADJUSTMENT,
ONLY THE EGO DOES THAT.

靈魂永遠不會攔著我們，不讓我們調整心態。只有小我
才會妨礙我們。

每一天，每一分鐘，我們都有機會可以重新設定態度，改變觀點。天底下總會有人或狀況觸發我們的憤怒、悲傷或怨恨，當我們允許這些情緒在心底反覆出現，難過的還是我們，不是他們。反之，如果我們放手，允許每一天都有新能量，我們就能得到一片乾淨的天地，能夠真正明白自己在難過什麼，且放下惡意，從全新的場域解決問題。當我們能夠調整出更好的心態時，就能打造更好的解決方案，過上更好的生活。

57 │ 放掉批判

RELEASE JUDGMENT, REPLACE IT
WITH LOVING KINDNESS. RELEASE
PRESSURE REPLACE IT WITH CARE.
RELEASE COMPARISON,
REPLACE IT WITH GRATITUDE.

放掉批判,用關愛的善意取代;放掉壓力,用關懷取代;放掉比較,用感謝取代。

想要得到我們最美好的潛力，必須擺脫不適合的東西，換上能替我們服務的特質。批判的感覺並不好，被人批判感覺不好，批判別人感覺也不好。當我們遭到批判，可能只會想用批判還擊。這個方法會引發兩個問題：一，當我們用批判回應，就失去了和平解決問題的能力。二，當我們用批判回應批判的時候，就無法進入平靜的心靈之中。批判的思考是負面思考，批判的思考通常只會引發更多的負面思考。別讓批判毒害你的正向思緒。當我們擁有正面的思緒，我們的心靈可以平靜、積極，準備火力全開解決問題。

58 ｜閉上眼睛

我緊抱著自己，說

我與你在同一條船上

我為你站在這裡

無論發生什麼事

我都會好好照顧你

這麼做

是我

選擇成為自己的隊友

這麼做

是我

學習在龍捲風裡

保持自我的方法

這麼做

是我能夠

過我的生活

而不是讓

生活

操縱我

的方法

親近自己是呵護自己

呵護自己就是愛自己

親密感需要我們謹慎對待自己，全心全意的呵護。親近我們的思緒意味著，當我們感到不安或疑慮時，要多留意自己的想法，多展現一點愛，要表達我們的情感，而不是壓抑。親近我們的身體意味著照顧我們的身體，有益身心的食物、話語、行為都可以滋養肉體，而不是用羞恥感凌虐它，用不可能的標準要求它，然後丟進一堆有毒物質，殘害自己。親近我們自己意味著用心面對自己所有的存在，加上信任、溫柔與呵護。我們學會如何親近自己，等到要與別人創造親密感時，我們才會更有勇氣。

從內在學習親密感
可以促進我們
與其他人的親密感。

59 | 你不孤單

你覺得

自然之母

會在乎

她那些

美麗的花朵

有沒有按照

顏色與大小

乖乖長成一排？

或是

這朵花有沒有

朝這邊長

那朵花有沒有

往這邊長？

不

她只負責把它們擺進她那

壯麗的花園裡

這樣

這些花

才能在一起

同時也

支持

彼此

誰都是帶著心碎前行

126

我們存在的目的是連結，不是比較，所以我們才不是孤單一人待在世上。因為我們全部都是連結在一起的，需要其他人，才能和平、有意義、有力量地運作。如果我們一直處在比較與競爭的狀態裡，我們就無從得知幸福是什麼滋味，以及我們真正的力量為何。比較及極端的競爭心態其實是來自不安與匱乏，這點無疑會讓我們孤立彼此。競爭是認為天底下只有一個餅，有人拿了一塊，別人就少一塊。最高層的自我曉得餅並不存在。連結拒絕競爭心，反而靠感謝及知足滋養，因此讓我們能更深入交織進別人的生命裡，更加支持身邊的每一個人。連結是明白當我們互相扶持，我們在生命裡就能實踐更多有意義的成就。別讓比較與競爭帶你走馬看花，合作的靈魂可以帶你走得又深又遠。

60 ｜跟我說說你的故事

我來到這個房間

不是爲了

透過你的雙眼

看這個世界

我辦不到

我來這裡

不只是用我的耳朵

傾聽

更要用心聆聽

跟我說說

你的故事吧

也許我能帶著

更多的愛

更多的認識

離開

願離開時

我的靈魂能夠乘載你

而我走出這個房間

走進

下一間

天底下沒有兩個一模一樣的人，不會有同樣的經歷，也不會以同樣的方式面對狀況。替別人的觀點留點空間吧，這很重要。我們的現實不會是唯一的現實，以為我們的現實是唯一正確的版本是很不智的想法。我們來到世界上，不是為了用同樣的眼光看待事物。我們是來分享想法的，成為社群的一分子，要做到這點，必須尊重其他人的觀點，如此一來，才能共同打造出特有的文化，<u>讓每個人都得到更多愛、更多安全感。</u>

61 ｜追尋

一直尋找善良

一直問人

我在哪裡

可以找到

世界上的美善

直到我

往內在看

長出

屬於我的

美善

我才發現

美善，俯仰皆是

62 ｜讓愛成為答案

LET LOVE BE THE
ANSWER TO ALL
OF LIFE'S QUESTIONS
(EVEN THE REALLY,
REALLY HARD ONES).

讓愛成為生命所有問題的解答（就算是很難很難的問題
也可以回答）。

需要鼓起勇氣，才能讓愛成為我們生命裡所有問題的解答，就算是痛苦日子的難題也能迎刃而解。面對逆境，最不可或缺的是相當程度的勇敢溫柔。當我們決定不顧一切都要愛的時候，我們就發展出和解的能力，因此某種程度能夠超越苦難或衝突。別讓任何狀況卡在你與你付出愛及同理心的能力之間。勇敢一點，要去愛，不要隔閡。這不是件簡單的事，但非常值得。讓愛的毅力帶領你走進生命中的各種狀況，這才稱得上實踐惻隱之心。

63 ｜ 忘卻

OUR WISDOM DOES NOT JUST
COME FROM WHAT WE LEARN.
IT ALSO COMES FROM
WHAT WE UNLEARN.

智慧不只來自我們的學習，也來自我們忘卻的地方。

隨著年紀漸長，我們會吸收經驗與周遭環境的特質，成爲我們一部分的人格。舉例來說，如果我們生長在一憤怒就大吼大叫的家庭，我們生氣時很容易產生同樣的行爲，或接受別人對我們大呼小叫。破除舊習、改變行爲永遠也不遲。當我們給自己力量，忘卻不健康的行爲，我們就騰出空間，學習如何在世界上進步的新方法。所以，無論你可以自己來，還是需要別人的幫助，偶爾忘卻一點吧。也許忘卻能夠教導更多你想都沒想過的事情。

64 ｜ 完整

FEELING COMPLETE
ONLY COMES WITH
THE REALIZATION THAT
WE ARE ALL ONE.

完整的感覺只會來自體認到我們都是一體的時候。

曉得我們都是一體的，這件事非常重要。你與你的孩子是一體的，你與你的鄰居是一體的，你與你的伴侶是一體的。當我們覺得其他人的苦難與自己無關時，世界就變得更危險了。別活在泡泡裡，如果你真要活在泡泡裡，必須確保這個泡泡大到可以容納所有的人。了解一體就是理解內在平靜、外在平靜與整體幸福感的第一步。

65 ｜厭倦

我厭倦擔憂

所以我找回自己的平靜

我厭倦害怕我**該**做什麼

所以我捲起袖子

開始

進行我**可以**做的事

我厭倦迷惘

所以我開始了解

我自己、我的家人、我的血脈、我們的政府

以及其他人的掙扎

我厭倦眼見之處皆是邪惡

所以我找到天堂的位置

告訴我的鄰居

該怎麼

前往

我厭倦

看見整個世界一團紛亂

所以我決定開始清理

當人家問我累不累的時候

我說不累

因為

說到底

讓我最累的

只是厭倦

超越容忍吧。我們來這顆星球不是為了容忍彼此，我們是來愛彼此的。我們是來照顧彼此的。我們是來見證每個人與集體都活出了自己的潛力。容忍是一種低層次的能量，它沒有翅膀。

愛跟容忍不一樣，
可以飛得很高，
還有能力帶領我們每個人
前往更高遠的地方。

66 ｜若想接近月亮

也許看起來會

一敗塗地

但那只是

地心引力

用它的美麗

要求我們

降落地表

要求我們

感受來時的土地

然後再次

伸手捕捉星星

67 | 衝突

CONFLICT IS INEVITABLE: ENCOUNTERING CONFLICT IN OUR LIVES DOES NOT SAY ANYTHING ABOUT WHO WE ARE, IT IS OUR BEHAVIOR IN CONFLICT THAT SAYS EVERYTHING ABOUT WHO WE ARE.

衝突無可避免，在生命裡遇到的衝突並不能定義我們是誰，而是我們在衝突裡的作為才能定義我們的一切。

因為我們在生命裡沒有辦法避免衝突，學習如何好好提出不一樣的意見就變得很重要。我們必須記住，不同的聲音不見得都是攻擊，能在傾聽時賦予愛、尊重與同理心，這樣才能和平化解衝突。擁有不一樣的聲音不代表他人想攻擊我們。因為衝突會讓我們走進防禦位置，觸發憤怒、挫敗及恐懼，因此讓我們發脾氣、大爆發或整個人當機。當我們理解，生命裡一定會有衝突的時候，我們可以選擇將每一次衝突視為用寬大的心胸與人互動的機會。與其讓衝突引發那些我們不是特別自豪的行為，反而要讓衝突成為深刻認識慈愛的方法。下次你發現自己跟人起衝突時，你要把握機會，展現出愛的力量與寬容。

P.S. 在沒有衝突的時候，我們的思緒也會跟我們自己產生衝突。

68 ｜成為別人的理由

DON'T BE THE REASON

SOMEONE

FEELS INSECURE.

BE THE REASON

SOMEONE

FEELS SEEN, HEARD,

AND SUPPORTED

BY THE

ENTIRE UNIVERSE.

成為別人覺得安全的理由；成為別人覺得被看見、被聽見，整個宇宙都支持他們的理由。

我們的愛能夠在世界上造成多深遠的影響，取決於我們能夠在微小的連結裡投入多少愛。因為我們的行為具有能量，我們所做的一切都具有影響另一個人的力量。你如何對待他人？如何與人交談？無論對方是你的朋友還是陌生人，成為看見他們的人，肯定他們的尊嚴，讚賞他們的人性。讓他們得以鬆一口氣，曉得世界其實沒有那麼糟。

HAVE JOY

歡樂一點。

誰都是帶著心碎前行

世界一團亂的時候，我們通常會覺得歡樂不合時宜。其實可以好好享受你的歡樂。歡樂是一種激進的自我呵護，歡樂讓我們在最困難的時候充滿能量。當我們歡樂，特別是在辛苦的日子裡，我們是在向世界宣告：「我可以定義周遭世界的現狀，而不是讓現狀定義我。」今天，無論發生了什麼事，你要擁抱你的歡樂，從中得到力量。

70 | 說「我愛你」

我愛你！
我愛你！
我愛你！

愛上富足的靈魂
就是這種感覺。

語言是能量的延伸，語言也可以肯定我們的能量。如果你的障礙是愛自己，那你每天都要對自己說「我愛你」，這樣可以提醒我們認真與自己相處。如果你想尋求與別人之間更深層的連結，你要把「我愛你」時常掛在嘴邊。說「我愛你」的感覺很好，讓別人知道你愛他們，他們就不用胡亂猜測。用話語肯定我們的感覺可以加強且鞏固我們與自己，以及我們與別人之間的連結。

71 | 選擇

THE MOST POWERFUL THING

WE CAN DO WITH WHAT WE

CHOOSE IS TO REGULARLY

RE-CHOOSE IT.

最有力量的選擇就是，我們時時可以重新選擇。

經營關係靠的是重新投入心力及重新付出承諾。沒有一段關係能夠靠著一次壯舉或一次燦爛的行為撐下去，我們與自己、家人、朋友、伴侶關係裡的和諧與穩定，來自每天都重新渴望成長、親密與善良。自動駕駛狀態不可能讓愛繁榮發展，愛需要每一天、每一刻的重新投入。把你自己奉獻給愛吧。

GRATITUDE IS A
CELEBRATION WE
ARE ALL INVITED TO.

感謝是每個人都受到邀請的慶典。

誰都是帶著心碎前行

有天，我在家鄉看到一個招牌，上頭寫著：「在得到進一步通知前……歡慶一切。」我一直把這句話放在心上，作為每天的箴言，因為這句話示範了感謝有多簡單。通常我們會覺得感謝是巨大又複雜的概念，但其實很簡單。感謝所有讓你持續走在自己道路上的人事物。我們的故事有曲有折，會在我們與感激之間製造阻礙，但當我們開始在小地方尋找感恩，我們也開始能在大方向裡尋找感恩。培養感謝的習慣能夠協助我們在需要的時候找到感恩。讓你尋找感恩的道路上充滿光明吧，記住，這是一場派對，而你永遠都受到邀請！

73 │你自己定義自己

AND REMEMBER — LIFE IS
BIGGER THAN THE BOXES
WE CHECK ALONG THE WAY.

記住，生命比我們一路上打勾勾的核取方塊浩瀚多了。

這世界一直根據核取方塊來定義我們是誰。活在方塊裡帶來太多壓力，最有力量的做法就是設計你自己的核取方塊。在各個標示工作、性格、性別或種族的核取方塊打上勾勾，都不能代表你這個人。你之所以是你，是因為你根本不是方塊，如果你是方塊，你應該要沉醉在所有讓你感覺到生命多麼欣喜的方塊之中。所以無論是作家、廚師、手風琴演奏家、球員、《紐約時報》拼字遊戲冠軍、父母、遛狗人、執行長或律師……成就你的各種面向吧。

74 | 成就與成為

成就你自己

成為你想要的面貌

讓這兩者

成為同一件事

每天

在世界上

擁抱

你自己

75 ｜勇敢在場

必要的時候

大喊

需要的時候

需要

在這裡的時候

好好活著

世界不需要你的靜默。世界

不需要你在不好的時候

說自己很好。

76 ｜站出來

EXPRESS YOURSELF. DON'T WALK
AROUND WITH THE BURDEN
OF UNSAID THINGS, UNLIVED
TALENTS, AND UNTOLD STORIES.
FREE YOURSELF. LIVE OUT LOUD.

表達自我。沒說出口的話語、沒發揮出來的才華、沒向人提過的故事，別背著這些重擔行走在人間。讓自己自由，活著就要精彩出色。

你永遠不會後悔替自己或別人站出來。我們的光芒與語言是保護我們與身邊的人不受傷害的方法。若我們讓傷害或負面的行為污染周遭環境，就是在殘害每一個人。沒有人應該被霸凌、被邊緣化或受到羞辱。替自己或別人站出來是我們可以引以為傲的事。不要因為你的沉默，讓黑暗擴散。用你的聲音與行動點燃亮光。

77 ｜時機永遠是當下

隨時都適合

開始

隨時都適合

不再拖延自己

隨時都適合

擁抱你的道路

接受你昨天走過哪些地方

以及從現在前往明天的時候

該避開哪些地方

隨時都適合

搥你的胸，讓他們知道你在這裡

讓他們知道，他們會聽見你

讓他們知道，他們會看見你

隨時都適合

終結你的沉默

且望向身邊的人，告訴他們，別再沉默

隨時都適合重新掌握你的敘事

說出你的故事

活得狂野自由

在這個時時刻刻要求你

不只要控制你看世界的方式

還控制你看自己方式的世界裡

隨時隨地都是最好的時機

說出

我不是受害者

我會是倖存者

我會是救助者

隨時都適合

提醒你自己

你會沒事的

隨時都適合去愛

特別是愛自己

隨時都適合

讓今天成為重大的好日子

宣告你值得

你的想法、你的念頭、你的期望

隨時都適合

不再

繼續

蹉跎

現在時機到了

親愛的

現在時機到了。

FEAR WORRIES,
"HOW WILL I GET
THERE?"
FAITH SMILES
KNOWINGLY,
"WE WILL GET
THERE."

恐懼擔憂著説：「我怎麼可能到那裡去？」
信念露出信心滿滿的笑容説：「我們會到那裡去。」

SURROUND YOURSELF
WITH PEOPLE WHO
DESERVE YOUR MAGIC.

讓身邊充滿值得你魔法的人。

誰都是帶著心碎前行

愛自己的主要方式就是讓身邊充滿有愛的人。你愛自己，就是尊重你在世界上占據的神聖一席之地。你會發現沒有人會吸取你的能量，讓你失望，讓你覺得渺小，或者用「不愛你」來浪費你的時間。今天看看你身邊，問問自己，生命裡是否有人沒有展現出你值得的愛。

80 | 奇怪與正常

「奇怪」是因為你夠愛自己，

從「正常」的重擔裡解放出來。

「奇怪」也是因為你夠聰明，

曉得天底下沒有「正常」這種事。

知道你有價值。

知道你值得。

知道你獨一無二。

如果天底下只有一個你，

別人又怎麼可能比你更好？

每天都對自己說這段話，直到你相信為止。

這是真的，這是事實。你有所歸屬。

誰都是帶著心碎前行

你有所歸屬。

81 ｜ 面對

AND PERHAPS THAT ONE THING
THAT YOU HAVE SPENT YOUR
LIFE WORKING AROUND IS THE
ONE THING YOU ARE MEANT TO
WORK THROUGH INSTEAD.

也許你花了一輩子逃避的東西，反而就是你注定要克服
的議題。

你會對什麼狀況睜一隻眼、閉一隻眼？你會無視別人的哪些方面，因為「那不值得」？哪些想法會讓你說服自己「那沒什麼大不了」？讓你麻木的是什麼？生命裡有很多狀況、變革、經驗，我們會賄賂自己繞過去，說那沒關係。不過，你要問問自己，這些狀況是否讓你晚上睡不著，是否讓你一直找朋友傾訴？如果答案是肯定的，那你就要改變策略。選擇面對這些讓你不舒服的議題，拆解、了解，如果你需要幫助，那就求救。負面的東西不配長期霸占你的頭腦或心靈。

AND WHY NOT MAKE
ALL YOUR TALKS WITH
YOURSELF PEP TALKS?

為什麼不把每一次自言自語都當成激勵士氣的談話？

誰都是帶著心碎前行

早上醒來，第一個對你說話的人就是你自己。你會說什麼話？你會責備自己嗎？你會祝賀自己嗎？你會緊張得自言自語嗎？你對自己說話的方式決定了世界對你說話的方式，善用這股力量激勵自己，設定充滿愛的溝通準則。你對自己說話的方式也決定了你對別人的說話方式。學會如何用話語激勵自己，你便也能用言語支持他人。這個世界需要多一點啦啦隊員。從替自己打氣開始。

83 | 缺陷與美

我為什麼

要相信

缺陷？

因為我們都該望著同一個方向？

因為有人說服我，某件事物可以讓我看起來跟別人一模一樣？

所以企業賺走的不只是我的錢，還有我的自尊？

因為只要美的標準依舊存在，我們其他人就會被屏除在外，只有一種人很快樂？

想要、渴望、羞辱、憎恨我們這副美麗的軀體。

我爲什麼

要相信

缺陷？

創造這種概念的人

一點都

不相信我。

別再「接受自己的缺點」了，因爲我們沒有缺點。

我就是我。你就是你。

一切都很美。

84 ｜寫給身體的情書

親愛的身體：

首先

我想說聲

謝謝你。

感謝心臟

雖然心碎

但持續跳動

感謝內臟

永遠曉得答案是什麼

感謝身體

也愛著我

雖然我不曉得該如何愛你

感謝身體

當我把你操過頭的時候

你每次都會恢復

感謝今天

感謝清醒。

FYI: YOU ARE LOVABLE

給你參考：你值得被愛。

誰都是帶著心碎前行

當你表達深層的脆弱與痛楚時，你還是值得愛。當你尷尬，你還是值得愛。當你憤怒，你還是值得愛。當你需要幫助，你還是值得愛。當你必須從頭來過，你還是值得愛。一切都好痛，你還是值得愛。你犯了錯，你還是值得愛。你哭了，你還是值得愛。

　　別讓別人的看法、社會的規範或「自我感覺不良好」，改變你知道你值得被愛的事實。當你與值得被愛的自己失去連結，你與撫慰自己的能力也失聯了。無論發生什麼事，你都要知道，你永遠值得愛。

86 ｜抵達

大腦說：

這條河深不見底。

心說：

我們可以蓋座橋過去。

希望我能給你一個妙方，解決所有的苦痛，保證有效。但我沒辦法。痛苦是過程，每個人都不一樣。不過，我可以告訴你，如果你是個狠角色，能夠感覺自己的痛苦，那你也是個能夠撫慰傷痛的角色。

87 ｜成長

LEAN INTO THE TOUGH STUFF.
GROWTH IS NOT ALWAYS
COMFORTABLE. THIS IS WHY
WE CALL THEM GROWING PAINS
NOT GROWING PLEASURES.

挺身走進困難的事情裡，成長不會每次都舒舒服服，所
以我們稱那叫成長痛，而不是成長帶來的快樂。

很少有突破是一路順遂，沒有崩潰的。**繼續前進時，一個人的進化可以替生命帶來各種美好，但痛苦與不適也會隨之而來。**雖然心靈與情緒上的改變都會讓我們更接近最棒的自己，但改變同時也會將我們帶離先前舒適生活的空間。這種過渡時期在成長中不可或缺，但會讓我們覺得異常脆弱。對自己溫柔點。從過往走到現在，總要花點時間適應。

心會碎。但魔法才能從中而生。

心碎實在非常神祕。一方面,我們痛苦至極,孤單與遭到遺棄的感覺被徹底放大,但另一方面,我們也進入了極度敏感的境界,忽然跟心所能提供的一切資訊連上線了。當我們與心進行這種親密接觸,我們能夠從中學習更多有益人生旅程及未來關係的課題。雖然依舊痛苦,但我們已經可以跟情緒和平共處,徹底理解自己的情商狀況。盡量不要逃避痛苦。痛苦當中蘊含一種魔法,那就是無論經歷了什麼,我們都有能力學習繼續走下去。

89 ｜痛，然後呢

我的魂

我的魄

我那顆

會學習的心

一次又一次

證明

我會好起來。

90 ｜會好起來

你不會永遠帶著藍色的憂傷

唯一直到永遠的就只有
永遠

夜幕降臨時
抬頭看這
黑暗與浩瀚的
藍
目光持續盯著夜的
勤務
直到陽光悄悄出現
看著就連夜晚，壯麗的天空
都走進
新的一天

一切都會過去。

91 ｜怎麼愛你

也許我一直忙著尋找碎片

渾然不知

一切皆在手邊

你愛自己的方式也是在向其他人示範，該怎麼愛你。設下標準，讓你自己看到尊重、忠誠、同情、慷慨、關懷、脆弱。讓其他人曉得愛你就該這樣。

92 ｜手中

你想要的東西

必須

握在

你要給出去

的

那隻手上

互惠的能量能夠平衡我們與他人的關係。健康的互惠關係不只是單方面的給或拿，而是把這兩件事都做得很好。如果我們給得很累，或帶著怨恨付出，我們就沒有辦法真正協助或給任何人帶來助益。給予不該是負面感覺的經驗。同樣的，接收的時候如果帶著內疚或羞愧，我們就沒有辦法真正得到滋養。給予及接收的能力同樣重要，因為我們愈清楚該怎麼接收，我們就愈能給出去。

93 ｜愛是動詞

我回報愛

不是因為

他們的愛

感覺很甜

而是因為

他們的愛

長了雙腳

他們不會

讓你知道

要去哪裡

他們只會

帶你啓程

我們只能接受別人有能力給予的東西。當我們能夠分辨別人「想要」做及他們「能夠」做的事情，我們才比較能夠在他們身上評估自己的期待與需求。語言通常只能溝通我們「覺得」自己可以做的事情，但我們的「行為」證實了我們能夠做到多少。當你根據行動而不是語言接受對方的行為時，你會更了解你們之間的關係。

94 ｜原諒

別花時間

一直想著

原諒

這件事

這樣

並不聰明

原諒

是心靈的修養

原諒

是我們能力所及

最有靈魂的行爲

誰都是帶著心碎前行

原諒你自己。原諒上禮拜、上個月、去年的自己。原諒你疲憊不堪，還對所愛之人發脾氣。原諒你沒辦法把一切做到完美。原諒你有所畏懼。原諒你所有的過錯。原諒你吃了太多餅乾。原諒你不完美。我們經常會把原諒看做是腦袋的行為，但原諒其實跟內心非常有關。原諒是我們能力所及，最具有靈魂的行為。我們原諒，就會知道我們比一個單一的時刻還要巨大浩瀚。我們原諒，就是對宇宙說：「我不會用憤怒、羞恥、批判、憎恨來禁錮我自己或任何人。」把這份自由送給你自己。

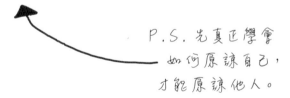

P.S. 先真正學會如何原諒自己，才能原諒他人。

95 ｜堅強的花

親愛的

你是

最堅強的

花朵

變天時

別忘了這點

你要知道，你很堅強。地球上的每一個生靈都有大地之母的支持。她永遠都支持你，她的支持會帶你撐過任何天候。力量的特色就是，當你找到力量，你就能帶著力量更進一步，你會變得更堅強、更強壯。我們可以成長到我們所需的階段，情緒、靈魂、生理、智識上都發展到足以面對生命的任何狀況。曉得這點可以讓我們做好準備，享受陽光，不用擔心風雨。

YOU ARE IN BLOOM. DID YOU KNOW THAT? YOU ARE

IN BLOOM YOUR WHOLE LIFE, DID YOU KNOW THAT TOO?

你知道嗎？你是綻放的。
你也知道，你這輩子就是一朵綻放的花嗎？

96 ｜ 那天我到家，打開了燈

給那些

沒有善待我的人

以及，不懂我為何離開的人：

那是因為

我想起了

與其愛

「我們」的概念

我更愛自己

那是因為

我想起了

我比你能給的

還值得更多

那是因為

我發現

我不需要你

因為

我有

我自己

AND MAY YOUR

FIRST LOVE

LAST FOREVER.

P.S. YOU ARE YOUR FIRST LOVE.

TAKE CARE OF YOURSELF.

希望你的初戀延續到永遠。

P.S.「你」就是你的初戀。好好愛惜自己。

97 ｜想想愛啊

想想愛啊

有一天

我在一張紙上寫下

愛啊，你知道嗎？

你知道要怎麼愛嗎？

整個宇宙

沒有地圖

沒有重力

沒有奢侈的兩極

向上

感覺好低落

低落

感覺好低落

我想

我們最想要的

莫過於

自由

莫過於

遮風避雨的地方

莫過於

一個家

以及

同時

待在這個家

我想

在愛裡

自由

與愛一起

自由

究竟是什麼意思

我想

擁有清晰的思緒

曉得

幾時該留

幾時

該走

難道我們不都

在某個時刻

待太久了嗎？

我想

待了太久

讓我想起

過往

的

愛

鬼魅

當你去愛

你就能

察覺這些

鬼魂

那個人

並沒有糾纏你

而是

你對於

可能

會發生的一切

無法釋懷

你希望

你知道

關於成長

的一切

但他們沒有

教會你

關於

愛

的一切

他們說

愛會傷人

但

他們不會告訴你

有些人

有些事

你

永遠

放不下

想想心碎啊

心　會　碎

但那是

魔法

出現的契機

對了

魔法

會出現

永遠都會

出現

但

你小時候

別人不會

告訴你的

另一件事是

心碎

不會

自己好

碎片一直

都是

碎片

你帶著

這些

碎片

繼續生活

直到

有一天

你

遇到一個

也有碎片

的人

你們一起

拼出一顆

全新的

心

你小時候

別人不會

告訴你的

另一件事是

你會遇到

幫助你

修補新的心

的人

而這是

一份

美好且優美的

大禮

遠超乎你的想像

想想

愛的禮物

我們一再

掙扎

不懂

如何

接下

這種大禮

魯米說：

「你的任務

不是

去找愛

而是

找出

你內在

對愛

築起

的障礙。」

想想

我們都該

在沒有障礙的

狀況下

認識自己

想想

我們都該

在不外求的

狀況下

認識自己

想想

我們如何

追求夢想

同時

夢想也在

追著我們跑

想著愛

我就想到夢想

兩者

共同

存在

如同

吸氣與吐氣

我覺得

你應該

得到美好的愛

我覺得

你應該

實現你的夢想

我覺得

這一切

都是你的

還有誰

比你更值得

擁有

這一切？

啊，對

你也許

需要

花點力氣

這是肯定的

我很清楚

啊，對

最偉大的戰役

就是與

自己的

對戰

而且

以你之名

我們的戰役裡

有很多愛

因此

無論

你是誰

你都

能夠跟士兵

一樣

每天奮戰

這是

堅強的生命

爲此驕傲吧

說到驕傲

我想起

我的根源

以及

當我說出

我來自

哪裡的時候

我是說

一個女人

身爲女孩

我不確定

該怎麼行事

我說出

無心之言

我說出

連我自己

都不懂的話語

身爲女人

我還是有

不像自己的

時刻

但

身爲女人

我現在

學會

問

那是什麼意思

想要理解

不只是爲了成爲

我所需要的

協助

同時也

向外求援

說到需求

為什麼

需要

另一個人

會是奇恥大辱？

更糟的是

我們

不需要

自己

能提供的一切

我們

不問

自己

需要什麼

反而

懷疑

我們

是誰

不要

懷疑你是誰

搞清楚你是誰

記住

決定

好好搞清楚

你　是　誰

就是

你這輩子

做過

最勇敢

的事

決定在你

你要

就成爲月亮吧

你要

就成爲

廚房裡的

燈泡

或

荒野裡的

手電筒

我只是

希望

你

發光

因爲

該怎麼愛

可能是

一潭

黑暗的宇宙

沒有訊號

當過往

成爲

過往

你

才能

眞正學習

你

才能

對著

新的心

訴說

過往

的

鬼故事

但我愈想

愈覺得

最明確

的

道路

就是

趁你還在

好好活著

用力

愛自己

深到

海洋都嫉妒

太空都羨慕

想要鑽進你的愛裡

就是

這份愛

讓大家都知道

這種愛

就是

起點

從這裡

打造出

你的家

可以邀請

全

世界

進來。

致謝

首先，我要感謝我世世代代的血脈先人，如果沒有他們先夢想、先奮鬥，今天也不會有我的存在。

感謝我的弟弟伯納多，不斷示範人性的堅毅以及什麼是每個人內在都有的力量。

感謝我的母親洛莉，教會我無條件的愛及真正的原諒。

感謝我的父親伯納多，教會我彈性，以及歡慶生命與愛的藝術。

感謝柯瑞，作為我生命裡一盞不滅的明燈與靈感來源。這段時間裡，你真的是我的靠山。我的愛，謝謝你。

感謝珠兒·羅沙森，保存我的理智，我對妳的珍惜難以言說。

感謝珍娜·巴克雷，花了無數時間，與我討論本書。我非常感謝多年來，妳持續滋養我的靈魂旅程。

感謝海瑟·卡帕斯，感謝妳的熱情、友情，及對本書的貢獻。

感謝瞳恩‧戴維斯、黛娜‧斯隆、崔夏‧譚、亞伯‧譚，以及 37 ink 出版社全體團隊，沒有你們的苦心，這本書不可能存在。感謝你們一百萬遍。

特別感謝我生命裡所有的女神、女王、靈魂姊妹及天使。妳們是我的繆思、我的支持、我的家人。沒有妳們的愛、魔法與友情，我不可能是今天的我。

這本書一路上受到多位朋友及導師的啟發。感謝你們所有的建議與智慧。我還要感謝這些年來支持我作品的人，謝謝你們成為我的家人。你們對我來說就是全世界。

克麗歐‧韋德

HEART
TALK

文字森林系列 010

誰都是帶著心碎前行
HEART TALK: Poetic Wisdom for a Better Life

作　　者　克麗歐‧韋德（Cleo Wade）
譯　　者　楊沐希
總 編 輯　何玉美
責任編輯　陳如翎
封面設計　兒日設計
版型設計　theBAND‧變設計— Ada

出版發行　采實文化事業股份有限公司
行銷企劃　陳佩宜‧馮羿勳‧黃于庭‧蔡雨庭‧王意琇
業務發行　張世明‧林踏欣‧林坤蓉‧王貞玉‧張惠屏
國際版權　王俐雯‧林冠妤
印務採購　曾玉霞
會計行政　王雅蕙‧李韶婉
法律顧問　第一國際法律事務所　余淑杏律師
電子信箱　acme@acmebook.com.tw
采實官網　www.acmebook.com.tw
采實臉書　www.facebook.com/acmebook01

Ｉ Ｓ Ｂ Ｎ　978-986-507-090-8
定　　價　300 元
初版一刷　2020 年 3 月
劃撥帳號　50148859
劃撥戶名　采實文化事業股份有限公司
　　　　　104 台北市中山區南京東路二段 95 號 9 樓
　　　　　電話：(02)2511-9798　傳真：(02)2571-3298

國家圖書館出版品預行編目資料

誰都是帶著心碎前行 / 克麗歐. 韋德 (Cleo Wade) 著；
楊沐希譯 .-- 初版 .-- 台北市：采實文化，2020.03
　面；　公分 .-- (文字森林系列；10)
譯自：HEART TALK: Poetic Wisdom for a Better Life
ISBN 978-986-507-090-8(平裝)
1. 自我實現 2. 生活指導
177.2　　　　　　　　　　　　　109000685